DES POUVOIRS

DES

AGENTS DIPLOMATIQUES ET CONSULAIRES

EN MATIÈRE

D'ACTES DE NAISSANCE ET DE MARIAGE

Commentaire des lois du 29 novembre 1901 et 21 juin 1903

PAR

ODILON-BARROT
Ancien secrétaire d'ambassade.
Ancien député, rapporteur de la loi du
29 novembre 1901 à la Chambre.
Conseiller à la Cour de Nancy.

Gaston BONNEFOY
Docteur ès-sciences économiques
et politiques.
Docteur en droit.
Greffier en chef du Tribunal de
Simple Police de Paris.

Prix : 2 francs.

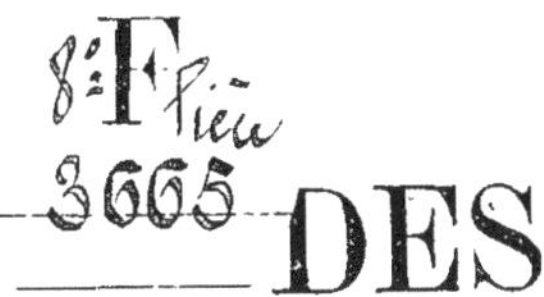

PARIS
Aux Bureaux des LOIS NOUVELLES
31 bis, rue du Faubourg-Montmartre, 31 bis

1904

RÉDACTION ET ADMINISTRATION
31 *bis*, rue du Faubourg-Montmartre, 31 *bis*, PARIS

LES

LOIS NOUVELLES

Revue de Législation et de Jurisprudence

ET

REVUE DES TRAVAUX LÉGISLATIFS

Paraissant le 1ᵉʳ et le 15 de chaque mois.

RÉDACTEUR EN CHEF : **EMILE SCHAFFHAUSER**
DOCTEUR EN DROIT

Secrétaire de la Rédaction : H. CHEVRESSON
Avocat à la Cour d'appel de Paris

Chaque Numéro comprend 64 pages

Les *LOIS NOUVELLES* comprennent quatre parties formant des fascicules séparés, chacun avec pagination spéciale.

La 1ʳᵉ PARTIE, intitulée REVUE DE LÉGISLATION, comprend le commentaire de toutes les Lois Nouvelles présentant un intérêt général.

La 2ᵉ PARTIE, intitulée REVUE DES TRAVAUX LÉGISLATIFS, comprend l'exposé des projets de loi et des rapports déposés à leur occasion *et en outre un tableau des travaux législatifs dans les deux Chambres.*

La 3ᵉ PARTIE, intitulée LOIS ET DÉCRETS, renferme non seulement tous les textes d'intérêt général, mais encore les circulaires ministérielles relatives à leur application, et se trouve être ainsi LE SUPPLEMENT LE PLUS COMPLET DE TOUS LES CODES.

La 4ᵉ PARTIE, intitulée REVUE DE JURISPRUDENCE, enregistre toutes les décisions judiciaires relatives aux nouveaux textes législatifs et complète ainsi la 1ʳᵉ partie.

Les commentaires publiés par les *LOIS NOUVELLES* comprennent l'exposé de la législation et de la jurisprudence antérieures à la nouvelle loi, l'exposé des travaux législatifs, et enfin l'examen critique de toutes les difficultés auxquelles pourra donner lieu l'interprétation de la loi.

Abonnement annuel : Paris et départements : 15 fr.
Etranger : 18 fr.

EN VENTE AUX BUREAUX DES « LOIS NOUVELLES »

LA COLLECTION DES LOIS NOUVELLES

Comprenant les années 1891-1902 et la table des Lois nouvelles de l'origine à 1900, au prix de. . . . . **80 fr.**

Les différentes années se vendent séparément :

Année 1902. . . . . **15 fr.**
Année 1901. . . . . **12 fr.**
Les années précédentes, chacune. . . . . **10 fr.**

Le paiement a lieu au gré du souscripteur.
Il est fait un escompte de 10 0/0 au cas de paiement comptant.

L'envoi a lieu franco, expédition et recouvrement.

DES POUVOIRS

DES

Agents diplomatiques et consulaires

En matière d'actes de naissance et de mariage

OUVRAGES DE M. ODILON-BARROT

Le Budget et la situation financière des Etats-Unis, 1868. Une brochure in-8°. (Edition de la *Revue des Deux-Mondes*), épuisé.

Le Budget des Etats-Unis depuis la paix, 1869. Une brochure in-8°. Edition de la *Revue des Deux-Mondes*, épuisé.

OUVRAGE DE M. ODILON-BARROT ET DE M. GASTON BONNEFOY, EN COLLABORATION

Commentaire de la loi du 18 juillet 1901 garantissant leur travail et leur emploi aux réservistes et aux territoriaux appelés à faire leur période d'instruction militaire, 1901. Un vol. in-8° (aux bureaux des *Lois Nouvelles*, Larose, éditeur). *Ouvrage honoré d'une souscription du Ministère de la justice et du Ministère du commerce.*

OUVRAGES DE M. GASTON BONNEFOY

La surdi-mutité au point de vue civil et criminel en droit français et en droit comparé, 1900. (Larose, éditeur, thèse pour le doctorat ès-sciences juridiques). *Ouvrage honoré d'une souscription du Conseil général de la Seine.*

Une question relative à l'état actuel de la législation en matière d'associations, 1900. Une broch. in-8° (aux bureaux des *Lois Nouvelles*, Larose, édit.).

Commentaire de la loi du 27 décembre 1900 sur l'amnistie, 1901. Un vol. in-8° (aux bureaux des *Lois Nouvelles*, Larose, éditeur). *Ouvrage honoré d'une souscription du Ministère de la justice.*

Les réformes judiciaires et le budget du Ministère de la Justice pour l'année 1901. — Un vol. in-8°, 1901 aux bureaux des *Lois Nouvelles* (Larose, éditeur). *Ouvrage honoré d'une souscription du Ministère de la justice.*

Les questions d'éducation et d'assistance des sourds-muets au Congrès international de Paris de 1900, 1901. (Edition de la *Revue internationale de Pédagogie comparative*), une broch. in-8° 1901. (Institut de bibliographie, 93, boulevard Saint-Germain, Paris).

Commentaire de la loi du 19 avril 1901 sur l'affouage, 1901. Un vol. in-8° (aux bureaux des *Lois Nouvelles*, Larose, éditeur). *Ouvrage honoré d'une souscription du Ministère de la justice.*

Du droit de plaidoirie des avoués. (Les avoués ont-ils le droit de plaider pour une partie civile devant le tribunal correctionnel ?) 1901. Une broch. in-8° (Marchal et Billard, éditeurs).

Des pensions alimentaires entre époux pendant et après le mariage, 1901. Un vol. in-8° (Marchal et Billard, éditeurs).

Le discours de rentrée de M. Falgairolle, avocat général à la Cour de Nancy, sur la condition sociale, civile et juridique des sourds-muets, 1902. Une brochure in-8°. (Imprimerie Lafolye frères, à Vannes).

La Représentation proportionnelle, un fort volume in-8°, 1902 (Marchal et Billard, éditeurs), thèse pour le doctorat ès sciences politiques et économiques.

Les réformes judiciaires et le budget du ministère de la justice pour l'année 1902. Un vol. in-8°, 1902, (Marchal et Billard, éditeurs). *Ouvrage honoré d'une souscription du Ministère de la justice.*

Les accidents du travail. — Commentaire de la loi du 22 mars 1902, modifiant celle du 9 avril 1898. Un vol. in-8°, 1903. (Marchal et Billard, éditeurs). *Ouvrage honoré d'une souscription du Conseil municipal de Paris.*

De l'extension de la compétence des Tribunaux de paix en matière commerciale. Une broch. in-8°, 1903. Larose, éditeur.

De l'extension de la compétence des Tribunaux de simple police. Un vol. in-8° 1903. Larose, éditeur.

En collaboration avec M. Laurent-Bailly, greffier au tribunal civil de la Seine : **Des incompatibilités dont sont atteints les greffiers des Cours et Tribunaux et leurs commis-greffiers**, 1902. Un vol. in-8° (Marchal et Billard, éditeurs). *Ouvrage honoré d'une souscription du Ministère de la justice.*

DES POUVOIRS

DES

AGENTS DIPLOMATIQUES ET CONSULAIRES

EN MATIÈRE

D'ACTES DE NAISSANCE ET DE MARIAGE

Commentaire des lois du 29 novembre 1901 et
21 juin 1903

PAR

ODILON-BARROT
Ancien secrétaire d'ambassade.
Ancien député. rapporteur de la loi du
29 novembre 1901 à la Chambre.
Conseiller à la Cour de Nancy.

Gaston BONNEFOY
Docteur ès-sciences économiques
et politiques.
Docteur en droit.
Greffier en chef du Tribunal de
Simple Police de Paris.

Prix : 2 francs.

PARIS

Aux Bureaux des LOIS NOUVELLES
31 bis, rue du Faubourg-Montmartre, 31 bis

1904

DES POUVOIRS

DES

AGENTS DIPLOMATIQUES & CONSULAIRES

en matière d'actes de naissance et de mariage

Commentaire des lois du 29 novembre 1901 et 21 juin 1903.

Généralités sur les pouvoirs des agents diplomatiques et consulaires en matière d'actes de l'état civil.

1. — Les agents diplomatiques et consulaires ont des fonctions et attributions très diverses. A la protection générale du commerce français et de la navigation nationale, ils joignent des fonctions et des attributions administratives, judiciaires et politiques.

Parmi leurs fonctions administratives figure la capacité qu'ils possèdent de recevoir les actes de l'état civil des Français en pays étranger, en se conformant aux lois françaises (1).

Sur deux points les règles établies par le Code civil viennent d'être changées.

La loi du 29 novembre 1901, qui a modifié les articles 170 et 171 du Code civil, a conféré aux agents diplomatiques et consulaires le droit de procéder à l'étranger à la célébration du mariage entre un Français et une étrangère (2).

---

1. — Code civil, art. 48. Ord. du 23 octobre 1833, art. 1.
2. — C'est une exception au principe que les agents diplomatiques et consulaires n'ont aucune qualité pour recevoir un acte de l'état civil lorsque le ou les parties qu'il intéresse ne sont pas sujets du pays qui a accrédité cet agent.

Enfin la loi du 21 juin 1903 est venue compléter l'article 55 du Code civil, en ce qui concerne les déclarations de naissance faites en pays étranger par les Français devant les agents diplomatiques ou les consuls.

Nous allons étudier successivement chacune de ces deux lois.

PREMIÈRE PARTIE

Commentaire de la loi du 29 novembre 1901 modifiant les articles 170 et 171 du Code civil, conférant aux agents diplomatiques et aux consuls le droit de procéder à la célébration du mariage entre un Français et une étrangère.

CHAPITRE I

Prolégomènes. — Travaux préparatoires. — Législations étrangères. — Texte de la loi du 29 novembre 1901, du décret du 29 décembre 1901 et de la Circulaire du ministre des affaires étrangères du 14 janvier 1902.

2. — L'ancien article 170 du Code civil (1), qui réglait les conditions du mariage contracté en pays étranger entre Français et entre Français et étrangers, disposait qu'il serait valable, s'il avait été célébré dans les formes usitées dans le pays, pourvu qu'il ait été précédé des publications prescrites par l'article 63 et que le Français n'ait point contrevenu aux dispositions contenues au chapitre 1er du titre du mariage et relatives aux qualités et conditions requises pour pouvoir contracter mariage. Dans les trois mois du retour du Français sur le territoire de la République, l'acte de célébration du mariage contracté en pays étranger suivant la forme susindiquée devait être transcrit sur le registre public des mariages de son domicile.

---

1. — Voici le texte de l'ancien article 170 du Code civil avant la loi de 1901 : « Le mariage contracté en pays étranger entre Français et entre Français et « étrangers est valable, s'il a été célébré dans les formes usitées dans le « pays, pourvu qu'il ait été précédé des publications prescrites par l'article 65, « au titre des actes de l'état civil et que le Français n'ait contrevenu aux dis- « positions contenues au chapitre précédent. » L'article 171 portait que « dans « les trois mois après le retour du Français sur le territoire de la République, « l'acte de célébration du mariage contracté en pays étranger serait transcrit « sur le registre public des mariages du lieu de son domicile. »

D'autre part, l'article 48 du Code civil (1) disposait, et dispose encore, que tout acte de l'état civil des Français en pays étranger sera valable s'il a été reçu conformément aux lois françaises, par les agents diplomatiques ou par les consuls.

Ces deux articles qui se complétaient mutuellement, établissaient donc nettement la doctrine et définissaient l'état civil de nos nationaux à l'étranger.

Ils avaient le droit d'opter lorsqu'ils voulaient contracter mariage et pouvaient se rendre à leur choix soit chez le magistrat local chargé de l'état civil, soit chez le représentant diplomatique ou consulaire français, dans la circonscription duquel ils résidaient, sous réserve qu'ils aient fait préalablement effectuer au dernier domicile qu'ils ont eu en France les publications prescrites par l'article 63, qu'ils aient l'âge indiqué par l'article 144, qu'ils ne se trouvent dans aucun des cas de prohibition prévus par les articles 161 et suivants, et qu'ils y soient autorisés conformément aux dispositions des articles 148 et suivants du même Code civil.

3. — Mais était-ce aux Français seulement que cette disposition de l'article 48 était applicable ? Ne l'était-elle pas également en cas de mariage entre Français et étrangers ?

La question était fort débattue. Les partisans de l'affirmative soutenaient que le mariage contracté en pays étranger entre un Français et une étrangère devait profiter des dispositions précitées, parce que l'étrangère devenait Française par le fait même de ce mariage (2).

Toutefois la négative était généralement admise et en doctrine et en jurisprudence.

C'est ainsi qu'il avait été jugé que tandis que deux Français qui se marient en pays étranger peuvent se marier à leur choix devant les officiers publics étrangers ou devant les agents diplomatiques et consuls français, un Français et un étranger ne pouvaient, au contraire, se marier que devant les officiers publics étrangers, la règle *locus regit actum* étant dans cette hypothèse obligatoire, car les agents diplomatiques et consulaires français étaient incompétents pour instrumenter sur le territoire étranger à l'égard d'un étranger (3).

---

1. — L'article 48 du Code civil est ainsi conçu : « Tout acte de l'état civil « des Français en pays étranger sera valable, s'il a été reçu conformément « aux lois françaises, par les agents diplomatiques ou par les consuls. »

2. — En ce sens Vazeille, *Traité du mariage, de la puissance maritale et de la puissance paternelle*, t. I, n° 186.

3. — Trib. Seine, 16 avril 1869 (*Gaz. des Trib.*, 5 juin 1869) et 2 juillet 1872, aff. Morgan, (S. 1872-2-248, P. 1872-952). — En ce sens, Duranton, *Cours de Droit français*, t. 2, n° 235 ; Rieff, *Commentaire des actes de l'état civil*, n° 88 ; Aubry et Rau, *Cours de droit civil français*, t. 5, § 468, p. 121, texte et note 12 ; Demolombe, *Cours de Code Napoléon*, t. 3, n° 230. Baudry-

La Cour de Cassation, dans un arrêt qui fait autorité en la matière et dont la doctrine fut toujours suivie par la suite (1), décida que le mariage contracté à Constantinople devant le vice-consul français, entre un Français et une sujette de l'Empire ottoman, était nul et que cette nullité qui était d'ordre public pouvait être invoquée par l'un des époux nonobstant une longue possession d'état.

Plus récemment le tribunal d'Epinal (2) jugeait qu'était également nul, d'une nullité d'ordre public, le mariage d'une Française avec un Italien, célébré devant un consul d'Italie en Egypte.

On avait soutenu toutefois que l'incompétence des consuls et agents diplomatiques français pour procéder au mariage entre Français et étrangers souffrait exception pour les pays d'Orient où fonctionne le régime des capitulations. En faveur de cette opinion on a surtout fait valoir cette considération que les capitulations constituaient une atteinte bien autrement grave à la souveraineté que la reconnaissance au profit des consuls et agents diplomatiques du droit de célébrer dans ces mêmes pays le mariage entre un Français et une personne de nationalité différente (3). Malgré la force apparente de cette argumentation, cette doctrine n'avait pas prévalu ; en effet elle présentait ce grave défaut d'introduire une dérogation aux principes fondamentaux du droit international privé qu'aucun texte ne justifiait (4).

4. — Cette opinion négative, qui était incontestablement la plus rationnelle et la plus juridique, n'avait pas été seulement adoptée en théorie par la doctrine et la jurisprudence ; elle l'avait été aussi pratiquement par le Ministre des affaires étrangères, qui par une circulaire du 4 novembre 1833, avait interdit à nos consuls de recevoir l'acte de mariage d'un Français avec une étrangère, et par le Garde des Sceaux qui dans une lettre à son collègue des affaires étrangères en date du 16 septembre 1878, le priait de rappeler aux agents diplomatiques français qu'ils ne pouvaient célébrer de mariage qu'entre deux Français (5).

Lacantinerie, *Précis de droit civil*, t. I. n° 473 ; Louiche-Desfontaines, *De l'émigration*, p. 84 ; Laurent, *Principes de droit civil*, t. 2, n° 11, et *Droit Civil International*. t. 4, n°ˢ 236 et 5 ; Despagnet, *Précis de droit international privé*, n° 349 ; *Journal du Droit international privé*, 1885, p. 660 et 1886, p. 305. — *Contrà* Vazeilles, *loc. cit.*
1. — Cass. 10 août 1819, aff. Gaudin (S. et P. chr).
2. — Trib. d'Epinal, 14 août 1889 (*Gaz. Pal.* 1889-2-507).
3. — Pic. *Du mariage en droit international et en législation comparée*, p. 110 et s.
4. — Voir Cass., 18 avril 1865 (S. 1865-1-317, P. 1865-770, D. P. 1865-1-342. Lehr, *Revue du Droit International Privé*, 1894, p. 97 et s., et *Journal du Droit International Privé*, 1886, p. 308 et 309.
5. — *Bull. off. Min. Just.* 1878, p. 89.

5. — Il était évident que la situation résultant d'un pareil état de choses pouvait présenter de sérieux inconvénients, dont quelques-uns notamment ont été mis nettement en lumière par M. Odilon-Barrot dans son rapport à la Chambre (1). qui nous indique nettement les motifs de la loi nouvelle, et dont nous donnons le texte ci-après (2) : «... Il existe en effet des pays, nous dit l'honorable rapporteur, où le « mariage religieux est le seul ayant un caractère légal. Quelle sera « notamment la situation du Français désireux d'épouser une jeune « fille de ce pays, s'il appartient à une communion religieuse diffé- « rente ? N'y aura-t-il pas, pour lui, une impossibilité à peu près « absolue de réaliser son projet ? N'y aura-t-il pas tout au moins, ce « qui revient au même, l'obligation pour lui de se soumettre à des « pratiques qui seront contraires à ses sentiments personnels ou vio- « lenteront sa conscience ? N'y aura-t-il pas en tous cas une atteinte à « sa liberté et en même temps une atteinte aux principes généraux « qui régissent notre constitution essentiellement civile... ».Ce n'était pas là d'ailleurs le seul motif de la loi nouvelle. L'exposé des motifs ajoutait à ces considérations des arguments de fait : le gouvernement y faisait remarquer qu'il arrivait fréquemment qu'aucun ministre du culte ne se trouvait dans la résidence des futurs époux, ou que les ministres de certains cultes se refusaient à célébrer le mariage de personnes divorcées ou appartenant à des confessions différentes.

Enfin dans la circulaire adressée aux agents diplomatiques et con- sulaires français en pays de juridiction par le ministre des affaires étrangères au début de l'année 1902 (3), il était encore invoqué d'autres considérations : « Dans certaines contrées, lit-on dans cette « circulaire, la célébration des mariages religieux est loin d'offrir, « pour ce qui concerne la régularité de l'union contractée et l'authen- « ticité de l'acte destiné à la constater, les garanties des règles et « formalités précises auxquelles notre législation subordonne l'établis- « sement de cet acte si important de la vie civile. »

6. — C'est dans le but de remédier à un pareil état de choses et pour les motifs que nous venons d'indiquer au numéro précédent qu'a été présentée par le Gouvernement, votée par les Chambres et pro- mulguée par le Président de la République, la loi du 29 novembre 1901, modifiant les articles 170 et 171 du Code civil, en conférant aux agents diplomatiques et aux consuls le droit de procéder, à l'étranger,

---

1. — N° 817. Ch. des Dép., 7° législ. session de 1899, annexe au procès-verbal de la séance du 16 mars 1899.
2. — Voir *infrà*, n° 6.
3. — Voir le texte de cette circulaire *infrà*, n° 8.

à la célébration du mariage entre un Français et une étrangère (1) et
dont l'origine se trouve dans une proposition de loi déposée par M. Jo-

---

1. — Voici les travaux préparatoires de la loi : — *I. Chambre des Députés.*
Présentation et exposé des motifs le 25 février 1899, par M. M. Lebret, ministre de la Justice et Delcassé, ministre des affaires étrangères (annexe
nº 758. *J. off.* du 27 mars 1899, p. 313). Rapport déposé le 16 mars 1899 par
M. Odilon-Barrot, député (annexe nº 817. *J. off.* du 2 avril 1899, p. 924).
Déclaration d'urgence et adoption sans discussion du projet le 20 mars 1899.
(*J. off.* du 21 mars 1899, p. 988). — *II. Sénat.* Présentation le 3 juillet 1899,
(annexe nº 207, *J. off.* du 18 décembre 1899, p. 420. Rapport déposé le
21 juin 1900 par M. le sénateur Savary (annexe, nº 220. *J. off.* du 17 décembre 1900, p. 643. Déclaration d'urgence et adoption sans discussion du projet
de loi avec modifications le 29 juin 1900 (*J. off.* du 30 juin 1900, p. 709).
III. — Chambre des Députés. Retour à la Chambre le 7 juillet 1900 (annexe
nº 1831. *J. off.* du 8 nov. 1900, p. 1717). Rapport déposé le 31 janv. 1901 par
M. Odilon-Barrot, député (annexe nº 2165, *J. off.* du 7 mars 1901, p. 66).
Déclaration d'urgence, adoption sans discussion avec modifications le 5 février
1901 (*J. off.* du 6 fév. p. 304). *IV. Sénat.* — Retour au Sénat le 19 mars
1901 (*J. off.* du 30 juillet 1901 (annexe nº 145, p. 246). Rapport de M. Savary
du 12 nov. 1901 (annexe nº 403. *J. off.* du 11 janv. 1902, p. 388). Adoption
sans discussion et sans modification le 19 nov. 1901. (*J. off.* du 20 nov. 1901,
p. 1326. — *Promulgation* au *J. off.* du 30 nov. 1901.
    L'élaboration de cette loi a donné lieu à plusieurs remaniements du texte
primitif présenté par le Gouvernement : 1º Le texte, dans le deuxième paragraphe (paragraphe nouveau) de l'art. 170, avait visé les mariages contractés
en pays étranger « *entre Français* ». Il y avait là un double emploi avec
l'art. 48 du Code civil. La Chambre, sur l'avis de la Commission, et le Sénat
à sa suite, ont très justement fait disparaître ces deux mots que l'on ne rencontre plus dans la rédaction actuelle du paragraphe 2. 2º Le dernier alinéa
de l'article 170 nouveau porte que les pouvoirs nouveaux conférés aux agents
diplomatiques ou aux consuls ne s'exerceront que dans les pays qui seront
désignés par décret du Président de la République. La Chambre, conformément
au rapport de la commission, avait supprimé cet alinéa et subordonné, dans
l'intérêt de la validité du mariage, la célébration par l'agent diplomatique ou
le consul à la nationalité de l'étrangère avec qui le Français veut se marier.
M. le Garde des Sceaux fit observer à la Commission du Sénat que la question
ainsi examinée par la Chambre comportait des solutions spéciales : « que la
« validité des mariages contractés à l'étranger avait été examinée dans les
« Conférences qui se sont tenues à la Haye les 12-27 septembre 1893 et
« 25 juin, 13 juillet 1894 ; elle n'est pas encore résolue d'une façon définitive,
« mais elle sera reprise lors de la réunion de la prochaine conférence. » Ce
que veut au contraire la loi actuelle « c'est qu'un Français et une étrangère,
« qui ne trouvent pas dans les institutions locales les moyens de contracter
« une union projetée, puissent s'adresser au consul français pour faire célé-
« brer un mariage valable aux yeux de la loi française. » Ces observations
ont déterminé la Commission du Sénat, et le Sénat a rétabli dans le texte défi-
nitif l'alinéa dont il s'agit. 3º Enfin, la Chambre des Députés a pensé que la
modification de l'article 170 devait entraîner une modification de l'article 171.
Celui-ci n'est applicable qu'aux mariages en pays étranger suivant les formes
usitées dans ce pays. Il est inapplicable aux actes dressés par nos agents, qui
sont inscrits sur deux registres, dont l'un est, à la fin de l'année, envoyé à
Paris et déposé à la Chancellerie des affaires étrangères. La Chambre a donc
établi une distinction entre les deux catégories d'actes prévus par le nouvel
article 170, et mis ainsi l'article 171 en rapport avec le nouvel article 170. C'est
en ce sens qu'a été modifié l'article 171 aux termes de la présente loi (1ᵉʳ rapport Savary au Sénat, 21 juin 1900, *J. off.* du 17 déc. 1900, p. 643).

seph Reinach à la Chambre le 19 octobre 1887, proposition qui avait été prise en considération par la Chambre des députés, et qui était devenue caduque à l'expiration de la législature.

Les pays étrangers avaient pour la plupart adopté dans leur législation des dispositions qui s'étaient inspirées des mêmes principes. La loi belge du 20 mai 1882 autorise les agents diplomatiques et les consuls de ce pays à célébrer les mariages entre Belges et étrangères, s'ils en ont obtenu l'autorisation spéciale du ministère des affaires étrangères, le Gouvernement se réservant le droit d'accorder cette autorisation dans les pays où l'état civil local n'offre pas les garanties désirables.

Les consuls italiens sont autorisés par l'article 29 de la loi du 28 janvier 1866 à célébrer les mariages entre Italiens et étrangères, pourvu que les lois, usages et coutumes du pays où ils résident ne s'y opposent pas.

L'Allemagne par les lois des 16 mai 1870 et 6 février 1875 permet de célébrer un mariage entre un Allemand et une étrangère, et même entre des étrangers protégés, sous réserve d'une autorisation du chancelier de l'Empire.

La Suisse accorde au Conseil fédéral le droit de donner aux agents diplomatiques et consulaires des attributions relatives à la célébration des mariages entre Suisses et entre Suisses et étrangères.

Quant à l'Angleterre, la législation est plus large ; elle considère comme la règle ce qui pour nous n'est que l'exception. D'après la loi du 28 juillet 1849, il suffit pour que le consul puisse procéder au mariage, que l'une des parties appartienne à la nationalité britannique. Mais le Souverain a le droit, aux termes de l'article 9 de l'acte du 10 août 1890, de restreindre en cette matière les pouvoirs du consul, lorsqu'il estime que ces pouvoirs sont incompatibles avec le droit international.

Voici le texte de la loi :

« Article unique. — Les articles 170 et 171 du Code civil sont modifiés ainsi qu'il suit :

« *Article 170.* — Le mariage contracté en pays étranger entre
« Français et entre Français et étrangers, sera valable, s'il a été
« célébré dans les formes usitées dans le pays, pourvu qu'il ait été
« précédé des publications prescrites par l'article 63, au Titre des
« actes de l'Etat civil, et que le Français n'ait point contrevenu aux
« dispositions contenues au chapitre précédent.

« *Il en sera de même du mariage contracté en pays étranger*
« *entre un Français et une étrangère, s'il a été célébré par les*
« *agents diplomatiques ou par les consuls de France, conformé-*
« *ment aux lois françaises.*

« *Toutefois, les agents diplomatiques ou les consuls ne pourront* « *procéder à la célébration du mariage entre un Français et* « *une étrangère que dans les pays qui seront désignés par décrets* « *du Président de la République* (1).

« *Article 171.* — Dans les trois mois après le retour du Français, « sur le territoire de la République, l'acte de célébration du mariage « contracté en pays étranger, *dans les conditions prévues par le* « *paragraphe 1er de l'article précédent* (2), sera transcrit sur les « registres publics des mariages du lieu de son domicile.

7. — Le dernier paragraphe de l'article 170 fait allusion à des décrets du Président de la République désignant les pays dans lesquels les agents diplomatiques ou consulaires pourront procéder à la célébration du mariage entre un Français et une étrangère.

Un seul décret a paru jusqu'ici. Il est en date du 22 décembre 1901 (3) et est ainsi conçu :

« *Le Président de la République française* ; — Sur la proposition « du ministre des affaires étrangères et du garde des sceaux, ministre « de la justice. Vu la loi du 29 novembre 1901 qui a modifié l'arti- « cle 170 du Code civil, et autorisé les agents diplomatiques et les « consuls à procéder à la célébration du mariage d'un Français avec « une étrangère dans les pays qui seront désignés par décrets du « président de la République ; — Vu les ordonnances des 23 et 26 oc- « tobre 1833 et le décret du 19 janvier 1881 sur les pouvoirs des con- « suls, vice-consuls et agents consulaires relativement aux actes de « l'état civil des Français en pays étranger ; — Décrète : *Article 1er*. « — Les agents diplomatiques, consuls et vice-consuls de France en Tur- « quie, en Perse, en Egypte, au Maroc, à Mascate, au Siam, en Chine et « en Corée sont autorisés à procéder au mariage d'un Français avec « une étrangère, toutes les fois qu'ils en seront requis. — La même « faculté est accordée aux agents consulaires qui ont reçu les pou- « voirs d'officiers de l'état civil, dans les conditions prévues par « l'article 7 de l'ordonnance du 26 octobre 1833. — *Article 2.* — Le « ministre des affaires étrangères et le garde des sceaux, ministre de « la justice, sont chargés, etc.... »

8. — Enfin à la date du 14 janvier 1902, M. le Ministre des affaires étrangères adressait aux agents diplomatiques, consuls généraux, consuls et vice-consuls de France, en pays de juridiction, une circulaire ainsi conçue (4) :

---

1. — Les parties en italique sont l'œuvre de la nouvelle loi.
2. — Les parties en italique sont l'œuvre de la nouvelle loi.
3. — Ce décret a été promulgué au *Journal officiel* du 4 janvier 1902.
4. — Cette circulaire a été reproduite au *Bulletin officiel du Ministère de la Justice* 1902, p. 14. Voir *Lois nouvelles* 1902-3-199 (n° du 1er juin 1902).

« Monsieur, comme vous le savez, les agents diplomatiques et con-
« sulaires français n'ont été jusqu'ici autorisés à procéder à la célé-
« bration des mariages qu'autant que les futurs conjoints appartenaient
« tous deux à la nationalité française. L'article 48 du Code civil, aux
« termes duquel tout acte de l'état civil des Français en pays étran-
« ger est valable s'il a été reçu conformément aux lois françaises,
« dans nos chancelleries, n'est pas, en effet, applicable aux actes
« de mariage entre Français et étrangers. Cette doctrine a été établie
« par un arrêt de la Cour de Cassation du 10 août 1819, et celle-ci a
« été adoptée par le Ministère des Affaires étrangères dans une cir-
« culaire du 4 novembre 1833, puis confirmée plus récemment par
« une décision de M. le Ministre de la Justice du 16 septembre 1878.

« De par cette jurisprudence, les mariages mixtes entre Français
« et étrangers ont donc dû jusqu'à ce jour, être célébrés suivant les
« formes usitées dans le pays de la résidence des intéressés. Mais,
« vous ne l'ignorez pas, cette obligation n'a pas été sans présenter de
« graves inconvénients pratiques dans les contrées où l'état civil n'est
« pas régulièrement organisé ainsi que dans ceux où il se trouve
« entre les mains des autorités religieuses, notamment dans les pays
« musulmans et de l'Extrême-Orient.

« Si par exemple, les futurs conjoints sont de religion différente, ils
« sont exposés à ce que le ministre du culte à qui ils s'adressent,
« refuse de consacrer leur union ou ne le fasse que moyennant cer-
« taines compromissions contraires à la liberté de conscience. Dans
« certaines contrées, d'autre part, la célébration des mariages reli-
« gieux est loin d'offrir, pour ce qui concerne la régularité de l'union
« contractée et l'authenticité de l'acte destiné à le constater, les garan-
« ties des règles et formalités précises auxquelles notre législation
« subordonne l'établissement de cet acte si important de la vie civile.

« Frappé de ces inconvénients, le Gouvernement de la République
« s'est, en conséquence, préoccupé d'y remédier et il a soumis au
« Parlement, qui l'a adoptée, une loi qui confère aux agents diploma-
« tiques et aux consuls le droit de procéder à la célébration du
« mariage entre *un Français et une étrangère*, et comble ainsi dans
« notre législation une lacune qu'il importait de faire disparaître.

« Aux termes de cette loi, promulguée au *Journal officiel* du 30
« novembre 1901, l'article 170 du Code Civil est modifié ainsi qu'il suit:

« Art. 170. — Le mariage contracté en pays étrangers entre Fran-
« çais et étrangers sera valable s'il a été célébré dans les formes usi-
« tées dans le pays, pourvu, qu'il ait été précédé des publications pres-
« crites par l'article 63 au titre des actes de l'état civil, et que le
« Français n'ait point contrevenu aux dispositions du chapitre précédent.

« *Il en sera de même du mariage contracté en pays étranger,*

« *s'il a été célébré par les agents diplomatiques ou par les consuls*
« *de France, conformément aux lois françaises.*

« *Toutefois les agents diplomatiques ou les consuls ne pourront*
« *procéder à la célébration du mariage entre un Français et une*
« *étrangère que dans les pays qui seront désignés par le Prési-*
« *dent de la République.*

« Cette dernière disposition s'explique d'elle-même : le mariage
« célébré par un agent diplomatique ou consulaire français entre un
« de nos nationaux et une étrangère, ne serait pas, en effet, nécessai-
« rement valable dans le pays d'origine de cette dernière, ni même
« dans celui de sa résidence ; la souveraineté étrangère pourrait s'y
« opposer. Les futurs conjoints auraient intérêt, dans les cas de cette
« nature, à recourir pour se marier à l'autorité locale plutôt qu'aux
« agents du service consulaire. Dans les pays où l'état civil est régu-
« lièrement organisé et accessible à tous, la validité de l'acte de
« mariage reçu par l'autorité locale compétente aura généralement,
« en effet, l'avantage d'être reconnue, aussi bien dans le pays de la
« future épouse qu'en France.

« Il y avait lieu, dès lors, de tenir compte de cette situation et de
« laisser au Gouvernement la faculté de s'enquérir des contrées dans
« lesquelles il serait possible ou opportun de mettre la nouvelle loi en
« vigueur.

« La préoccupation qui a motivé la disposition inscrite dans le para-
« graphe 3 se justifie particulièrement, ainsi qu'il vient d'être dit, en
« ce qui concerne les pays de chrétienté ; mais dans les pays mu-
« sulmans et de l'Extrême-Orient (dans la plupart d'entre eux tout
« au moins), il en est autrement, et il a paru à mon Département,
« comme à celui de la Justice, qu'il serait utile et sans inconvénient de .
« ne pas rendre, dès maintenant, la loi applicable dans certains de ces
« derniers pays. En conséquence j'ai soumis à M. le Président de la
« République qui l'a revêtu de sa signature le 29 du mois dernier, un
« décret qui autorise les agents diplomatiques, consuls généraux,
« consuls et vice-consuls de France en Turquie, en Perse, en Egypte,
« au Maroc, à Mascate, en Siam, en Chine et en Corée, à procéder
« au mariage d'un Français avec une étrangère, et qui accorde la
« même faculté aux agents consulaires munis des pouvoirs d'officier
« d'état civil, dans les conditions prévues par l'article 7 de l'ordon-
« nance du 26 octobre 1833.

« Par ce décret, qui a été publié au *Journal officiel* du 4 janvier
« et dont vous trouverez le texte ci-après, vous êtes autorisé à célé-
« brer des mariages entre des Français et des étrangères ; mais je
« crois devoir appeler votre attention sur les recommandations ci-
« après :

« 1° Tout d'abord, vous ne devrez célébrer une union de ce genre
« qu'après en avoir été requis par les intéressés et vous être assuré
« qu'ils se trouvent réellement dans l'impossibilité de se marier, selon
« les formes locales, devant l'autorité compétente du pays ; il con-
« viendra que vous les préveniez à cet effet que leur mariage, s'il est
« contracté en chancellerie, ne sera nécessairement valable qu'en
« France ;

« 2° Vous devrez, d'autre part, exiger de l'étrangère la justification
« de sa capacité, quant au mariage, d'après les lois de son pays, c'est-
« à-dire la preuve qu'au moment où elle va contracter mariage
« devant vous, elle serait en situation de se marier également devant
« les autorités de son pays d'origine.

« Je vous recommande tout particulièrement de vous conformer
« aux indications qui précèdent, et de ne point perdre de vue les
« limites qu'elles tracent à l'exercice du droit dont vous investit le
« décret ci-annexé ; vous ne devrez pas hésiter, d'ailleurs, à m'en
« référer en cas de difficultés, en même temps que vous me trans-
« mettrez, lorsqu'il y aura lieu, la demande d'autorisation prévue par
« l'ordonnance du 3 mars 1781 et par la circulaire du 19 juillet 1826.

« Vous voudrez bien faire enregistrer la présente circulaire en
« chancellerie est m'en accuser réception.

« Recevez, Monsieur, les assurances de ma haute considération.

DELCASSÉ.

Le décret du 29 décembre 1901 dont nous avons reproduit plus
haut le texte, suit la circulaire.

CHAPITRE II

Commentaire de la loi.

Section I. — *Du mariage entre Français en pays étranger. Commentaire de l'article 170 §1 et de l'article 171 nouveaux du Code civil.*

9. — Le premier paragraphe de l'article 170 nouveau du Code civil est ainsi conçu : « **Le mariage contracté en pays étranger entre** « **Français, et entre Français et étrangers, sera valable s'il a** « **été célébré dans les formes usitées dans le pays, pourvu** « **qu'il ait été précédé des publications prescrites par l'arti-** « **cle 63 au titre des actes de l'Etat civil, et que le Français** « **n'ait point contrevenu aux dispositions contenues au cha-** « **pitre précédent.** »

Quant à l'article 171, il est ainsi conçu : « **Dans les trois mois** « **après le retour du Français sur le territoire de la Républi-** « **que, l'acte de célébration du mariage contracté en pays** « **étranger, dans les conditions prévues par le paragraphe** « **premier de l'article précédent, sera transcrit sur les regis-** « **tres publics des mariages du lieu de son domicile.** »

Ces deux textes sont la reproduction de l'ancienne législation touchant le mariage entre Français et entre Français et étrangers en pays étranger suivant les formes usitées dans le pays ; aussi allons-nous nous borner à exposer très succinctement et aussi brièvement que possible, mais néanmoins d'une façon suffisante, les conditions requises pour qu'un Français puisse contracter mariage en pays étranger. Si nous faisons ainsi, c'est que nous voulons donner ici une étude aussi complète que possible de droit international privé touchant le mariage des Français en pays étranger.

10. — Les deux textes dont nous venons de parler subordonnent le droit pour un Français de contracter mariage en pays étranger à trois sortes de conditions : 1° des conditions de fond ; 2° des conditions de forme ; 3° des conditions de publicité.

11. — Les conditions de fond sont les suivantes, qui se rattachent toutes à cette idée que le Français qui veut se marier en pays étranger doit être capable de contracter mariage d'après la loi française, car le statut personnel du Français le suit même en pays étranger.

En conséquence un Français ne pourra : 1° se marier à l'étranger avant l'âge fixé par la loi française (1) ; 2° contracter un nouveau mariage avant la dissolution du premier, alors même qu'il habiterait un pays où la polygamie est admise (2) ; 3° se passer du consentement de ses parents si ce consentement est requis (3) ; 4° épouser un parent ou allié au degré prohibé (4) ; 5° ne pas faire les actes respectueux, si besoin en est (5) ; 6° négliger de faire les publications requises par la loi (6).

12. — Des conditions de forme il n'est pas besoin de parler ; l'on sait que le mariage contracté entre les Français en pays étranger, peut à leur choix, être célébré soit dans les formes usitées dans le pays conformément à la règle *locus regit actum*, soit devant les consuls ou agents diplomatiques, bien que l'article 170 paraisse dire le contraire.

13. — Enfin comme conditions de publicité, l'article 170 nouveau comme l'article 170 ancien exige que le mariage contracté par un

---

1. — Les consuls généraux résidant dans les pays situés au delà de l'Océan Atlantique sont autorisés à accorder des dispenses d'âge, à la charge de rendre compte immédiatement au ministre des affaires étrangères des motifs qui les ont portés à accorder ces dispenses. Les consuls de première et de seconde classe résidant au delà de l'Océan Atlantique n'ont ces mêmes pouvoirs que lorsqu'ils leur auront été conférés par ordonnance spéciale (art. 18 de l'ordonnance du 23 octobre 1833).

2. — Trib. Seine, 14 juin 1887 (*Le Droit* 1er juillet 1887). V. Baudry-Lacantinerie, *Précis de Droit civil*, t. 1, n° 472. Aubry et Rau, *Cours de Dr. Civ. franc.*, t. 5, p. 124 § 468, texte et note 21. Pic, *Mariage et Divorce en droit international privé*, p. 120.

3. — Besançon, 4 janv. 1888 (S. 90-2-165 ; P. 90-1-901. D. 89-2-69). Lyon, 18 janv. 1894 (S. et P. 97-2-113). Trib. Seine, 7 juill. 1881. (*Clunet*, 82-308), 26 avril 1887 (*Clunet*, 87-476). Vincent et Pénaud, *Dictionnaire du Dr. Int. Privé*, v° *Mariage*, n° 91 et 113. Pic, *Mariage et Divorce en Dr. Int. privé*, p. 165. Circul. Min. Just. 2 août 1884.

4. — Trib. Seine, 4 déc. 1873. (*Clunet*, 75-21), 4 août 1880. (*Gaz. Trib.* 5 août 1880). — Vincent et Penaud. *Dict. du Dr. Int. privé*. v° *Mariage*, n° 1115. Le mariage entre beau-frère et belle-sœur ne peut être autorisé que par le chef de l'Etat et par lettres délivrées à la Chancellerie.

5. — Trib. Seine, 21 déc. 1885 (*Clunet*, 86-449). Vincent et Pénaud, *Dict. du Dr. Int. privé*, v° *Mariage*, n° 103 et s. Despagnet, *Précis de Dr. Int. Privé*, n° 393.

6. — Les consuls sont autorisés à dispenser pour des cas graves, dont l'appréciation est confiée à leur prudence, de la seconde publication lorsqu'il n'y a pas eu d'opposition à la première ou qu'une mainlevée leur a été représentée (art. 17 de l'ordonnance du 23 octobre 1833), mais ils ne peuvent dispenser de la première.

Français en pays étranger soit précédé des publications prescrites par l'article 63 Code civil, c'est-à-dire de publications effectuées en France, dans les formes et les lieux déterminés par la loi française. D'ailleurs, la nécessité des publications s'impose dans tous les cas, sans qu'il y ait à distinguer si le Français se marie devant un consul ou un agent diplomatique français, ou suivant les formes prescrites par la loi étrangère, auquel cas on rencontre une exception à la règle *locus regit actum*.

Enfin l'arti le 171 nouveau comme l'ancien texte, vient décider que « dans les trois mois après le retour du Français sur le territoire du « royaume, l'acte de célébration du mariage contracté en pays étran- « ger sera transcrit sur le registre public des mariages du lieu de « son domicile. » On considère en général que l'article 171 est appli- cable indistinctement à tous les mariages des Français célébrés à l'é- tranger, que ce soit devant un officier étranger suivant les formes usitées dans le pays ou devant les consuls ou agents diplomatiques français (1).

14. — La modification de l'article 171, qui ne figurait pas dans le projet du gouvernement, est l'œuvre de la Commission de la Chambre et a été reconnue nécessaire par le Gouvernement et le Sénat qui l'ont admise sans y faire d'objection. Le premier rapport Odilon-Barrot à la Chambre en a donné les motifs suivants : « L'addition « faite à l'article 170 doit obligatoirement entrainer une modification « de l'article 171, ce que le projet ne prévoit pas. En effet, ce dernier « article n'est applicable qu'aux mariages célébrés en pays étranger « suivant les formes usitées dans ce pays. Il devient inutile et non « applicable pour les autres. Les actes de l'état civil reçus par nos « agents diplomatiques et consulaires sont inscrits sur deux registres, « dont l'un est à la fin de l'année envoyé à Paris et déposé à la Chan- « cellerie du ministère des affaires étrangères, qui en délivre des

---

1. — Cet article 171, contient plutôt un conseil donné aux Français mariés à l'étranger qu'une prescription légale, car d'après la jurisprudence et la majorité des auteurs, qui se fondent sur les travaux préparatoires (V. Locré, t. 2, p. 327, n° 23), le défaut de transcription n'opère pas nullité ou inefficacité du mariage en France. Cass., 16 juin 1829. (S. et P. chr.), 12 fév. 1833. (S. 33-1-195. P. chr.). Bordeaux, 14 mars 1850. (S. 52-2-561. P. 51-2-136). Nîmes, 23 fév. 1858. (S. 58-2-385. P. 59-514). Lyon, 21 juin 1871. (S. 72-2-201. P. 72-900). Trib. Nice, 1er déc. 1873, sous Cass., 28 déc. 1874. (S. 75-1-347; P. 75-850). Merlin, *Quest.* v° *Mariage*, § 14. Baudry-Lacantinerie. *Précis de Droit Civil*, t. I, n° 476. Weiss. *Tr. élém. de dr. int. privé*, 2e éd., p. 474. Aubry et Rau, *Cours de dr. civ. fr.*, t. 5, p. 127, § 469. Mais le défaut de transcription pourrait donner lieu à une action en dommages-intérêts de la part des tiers qui se prétendraient lésés par l'omission de cette formalité. Trib. Nice, 1er déc. 1873, sous Cass., 28 déc. 1874 précité. Baudry-Lacantinerie, *op. et loc. cit.*

« expéditions, comme l'un des registres reçus dans nos mairies est
« déposé au greffe du Tribunal civil de l'arrondissement. Il y a donc
« lieu d'établir une distinction entre les deux catégories d'actes de
« mariage. »

SECTION II. — *Du mariage entre un Français et une étrangère en
pays étranger. — Commentaire de l'article 170. §§ 2 et 3 nouveau du Code Civil.*

15. — Les §§ 2 et 3 de l'article 170 nouveau sont ainsi conçus :
« Il en sera de même (il y aura validité) du mariage contracté en
« pays étranger entre un Français et une étrangère, s'il a été célébré
« par les agents diplomatiques ou par les consuls de France, confor-
« mément aux lois françaises. Toutefois, les agents diplomatiques ou
« les consuls ne pourront procéder à la célébration du mariage entre
« un Français et une étrangère, que dans les pays qui seront désignés
« par décrets du Président de la République. »

16. — Le premier alinéa de la disposition nouvelle et additionnelle
proposée par le gouvernement était ainsi conçu : « Il en sera de
« même du mariage contracté, en pays étranger, entre Français et
« entre un Français et une étrangère, s'il a été célébré par les agents
« diplomatiques ou par les consuls de France, conformément aux lois
« françaises. »
Ce texte a été modifié en ce qui concerne les mariages contractés
entre des Français résidant tous deux à l'étranger, par la Commission de la Chambre. Pour ces mariages, lit-on dans le premier rapport
Odilon-Barrot à la Chambre des Députés « les conditions qui doivent
« présider à leur célébration sont réglées par l'article 48 du Code
« Civil. La mention prévue par le projet qui vous est soumis est évi-
« demment le résultat d'une pensée d'assimilation. Mais elle est incon-
« testablement superflue dans le texte de l'article 170. Il n'y a aucune
« raison de l'y maintenir et vous estimerez sans doute qu'il est préfé-
« rable de la supprimer. »
Le Gouvernement et le Sénat ont accepté cette modification sans
faire d'observation.

17. — Dans son premier rapport à la Chambre, M. Odilon-Barrot,
au nom de la Commission, faisait à la disposition du projet certaines
objections en ces termes : «... En indiquant que la loi que nous exami-
« nons ne serait applicable que *dans* les pays désignés par des décrets
« du Président de la République, le projet s'écarte de l'esprit même
« qui l'a inspiré. Dans l'espèce, il s'agira et il doit s'agir, non du

« pays dans lequel le mariage sera célébré, mais de la nationalité à
« laquelle la future épouse appartiendra. Prenons un exemple. Si un
« Français résidant à New-York désire y épouser une jeune fille de
« nationalité espagnole et que notre loi, acceptée par le Gouverne-
« ment des États-Unis, ne l'ait pas été par le Cabinet de Madrid, qu'ar-
« rivera-t-il? Notre consul général à New-York pourra-t-il célébrer
« valablement le mariage ? Oui, d'après le texte du projet qui vous
« est soumis ; non d'après la logique et le sens même de cette loi... »

En conséquence, la Commission proposait de supprimer le second
alinéa du projet et de faire au premier une addition qui l'aurait modifié dans le sens de ses observations, le texte de la Commission étant
ainsi conçu : « Il en est de même du mariage contracté en pays étran-
« ger entre un Français et une étrangère, s'il a été célébré par les
« agents diplomatiques ou par les consuls de France, conformément
« aux lois françaises, lorsque le pays auquel celle-ci aura appartenu
« aura été désigné par un Décret du Président de la République. »

Cette modification n'ayant provoqué aucune objection de la part du
Gouvernement, fut adoptée par la Chambre sans discussion.

18. — Dans son premier rapport au Sénat, M. Savary précisait à
nouveau en ces termes la divergence entre le point de vue du gouvernement et celui de la Chambre, quant à la nature de la modification qu'il convenait d'apporter à la législation alors en vigueur : « La
« Commission de la Chambre des Députés, dit l'honorable sénateur,
« a pensé qu'en indiquant que la loi ne serait applicable que dans les
« pays désignés par décrets du président de la République, le projet
« s'écartait de son esprit même ; qu'il y avait lieu de se préoccuper,
« au point de vue international de la législation ou des usages non
« pas des pays où seraient nos agents diplomatiques et consulaires,
« mais de ceux auxquels appartiendraient les étrangères avec qui des
« Français voudraient se marier. »

Devant le Sénat, le Gouvernement insista pour le rétablissement du
second alinéa du projet. Le Garde des Sceaux adressa à la Commission,
à l'appui de cette demande, une note dans laquelle il exposait les raisons du gouvernement : « Il résulte du texte adopté par les Chambres,
« disait le ministre de la Justice, que la célébration du mariage serait
« subordonnée à la question de savoir si l'Etat auquel appartient la
« future épouse admet la validité du mariage de celle-ci avec un
« Français lorsqu'il est célébré devant un de nos agents diplomatiques
« ou consulaires. Cette considération a sans doute sa valeur. La ques-
« tion des voies à employer pour assurer, au regard de la loi natio-
« nale des époux, la validité des mariages contractés à l'étranger, a
« été examinée dans les Conférences qui se sont tenues à la Haye, les

« 12-27 septembre 1892 et 25 juin-13 juillet 1894 ; elle n'est pas encore
« résolue d'une façon définitive, mais elle sera reprise lors de la réu-
« nion de la prochaine conférence. Ce n'est point là toutefois le but
« que le Gouvernement s'est proposé d'atteindre en déposant son pro-
« jet de loi. Lorsqu'un Français ou un étranger ou même deux étran-
« gers veulent contracter mariage en France, nous n'avons pas actuel-
« lement à nous préoccuper et nous ne nous préoccupons pas du point
« de savoir si l'union qui va être célébrée sera considérée comme
« valable dans les pays auxquels appartiennent les étrangers intéres-
« sés. Nous ne saurions non plus avoir cette préoccupation dans l'hy-
« pothèse qui fait l'objet de notre projet de loi. Ce que nous voulons,
« c'est qu'un Français et une étrangère qui ne trouvent pas dans les
« institutions locales les moyens de contracter une union projetée
« puissent s'adresser au consul français pour faire célébrer un mariage
« valable aux yeux de la loi française. »

Les considérations que faisait valoir M. le Garde des Sceaux ont
déterminé la Commission du Sénat à écarter la modification adoptée
par la Chambre, et sur ses conclusions le Sénat votait sans discussion
le texte primitif du projet.

19. — Lorsque le texte ainsi modifié revint devant la Chambre, la
Commission de cette assemblée accepta la rédaction votée par le
Sénat, se rendant aux raisons invoquées par M. le ministre la justice.
Dans son second rapport, M. Odilon-Barrot donna à ce sujet les raisons du changement d'opinion de la commission. Il rappela que dans
sa note adressée à la Commission du Sénat, le ministre avait admis
que les « considérations qui avaient inspiré la décision de la Chambre
« n'étaient pas sans valeur », donnant ainsi implicitement raison à
cette assemblée ; mais qu'il avait indiqué, d'autre part, que la loi
n'était pas destinée à avoir une portée aussi étendue qu'il avait été
permis de le supposer dans le principe.

La Chambre des députés, se rangeant à l'avis de sa Commission,
abandonna son ancien texte et sans discussion aucune adopta celui du
Gouvernement.

Mais la Commission, songeant toujours à l'ancien système qu'elle
avait soutenu, appela l'attention du Gouvernement sur les conflits qui
pourraient naître au sujet de la nationalité de la femme. A ce sujet
nous lisons ce qui suit dans le second rapport Odilon-Barrot à la Chambre : « ... Il y a également lieu de ne pas perdre de vue les consé-
« quences qu'elle pourrait entraîner à l'égard de l'état civil de l'étran-
« gère, mariée à un Français par un de nos agents diplomatiques ou
« consulaires, et du caractère légal qui serait attribué à son union dans
« son pays d'origine. Le Gouvernement ne manquera certainement pas

« d'envisager ces circonstances et de s'assurer qu'aucune contesta-
« tion ne viendra plus tard à être soulevée sur la question d'état de
« la femme ainsi mariée, avant de prendre les décrets désignant les
« pays auxquels la réforme projetée sera applicable... »

20. — Le décret du 29 décembre 1901 a désigné les pays dans
lesquels les agents diplomatiques et les consuls sont autorisés à procéder à la célébration du mariage d'un Français avec une étrangère. Ce
sont : la Turquie, La Perse, l'Egypte, le Maroc, Mascate, Siam, la
Chine et la Corée.

Dans son deuxième rapport à la Chambre, M. Odilon-Barrot s'était ainsi
exprimé au sujet de ce décret que l'on prévoyait : «... Les pays aux-
« quels la loi sera applicable seront donc, à l'exclusion de tous autres,
« ceux dans lesquels il n'existe pas d'autre mariage légal que le
« mariage religieux, tels que spécialement les pays d'Orient et d'Ex-
« trême-Orient, la Turquie, la Perse, le Maroc, la Chine, le Siam, et
« ils devront être expressément désignés par les décrets du Président
« de la République. »

D'un autre côté, relativement au point qui nous occupe, la circulaire du ministre des affaires étrangères dont nous avons donné le
texte plus haut s'exprime ainsi : «... Cette dernière disposition
« s'explique d'elle-même : le mariage célébré par un agent diploma-
« tique ou consulaire français entre un de nos nationaux et une étran-
« gère ne serait pas, en effet, nécessairement valable dans le pays
« d'origine de cette dernière, ni même dans celui de sa résidence ; la
« souveraineté étrangère pourrait s'y opposer. Les futurs conjoints
« auraient intérêt, dans les cas de cette nature, à recourir pour se
« marier, à l'autorité locale plutôt qu'aux agents du service consulaire.
« Dans les pays où l'état civil est régulièrement organisé et accessible
« à tous, la validité de l'acte de mariage reçu par l'autorité locale
« compétente aura généralement, en effet, l'avantage d'être reconnue
« aussi bien dans le pays de la future épouse qu'en France. Il y avait
« lieu dès lors, de tenir compte de cette situation et de laisser au
« Gouvernement la faculté de s'enquérir des contrées dans lesquelles il
« serait possible ou opportun de mettre la nouvelle loi en vigueur.
« La préoccupation qui a motivé la disposition inscrite dans le § 3 se
« justifie tout particulièrement, ainsi qu'il vient d'être dit, en ce qui
« concerne les pays de chrétienté ; mais dans les pays musulmans et
« de l'Extrême-Orient (dans la plupart d'entre eux, tout au moins),
« il en est autrement et il a paru à mon département, comme
« à celui de la justice, qu'il serait utile et sans inconvénient de rendre,
« dès maintenant, la loi applicable dans certains de ces derniers
« pays. »

21. — Les agents diplomatiques compétents dans l'espèce, sont les agents diplomatiques, consuls généraux, consuls et vices-consuls de France, dans les pays indiqués au décret du 29 décembre 1901, ainsi que les agents consulaires qui ont reçu les pouvoirs d'officiers de l'état civil dans les conditions prévues par l'article 7 de l'ordonnance du 26 octobre 1833 (1).

22. — Il ne peut s'agir pour l'application des §§ 2 et 3 de l'art. 170 nouveau que du mariage d'un Français et d'une étrangère appartenant à la nationalité du pays désigné par décret comme étant un de ceux dans lesquels les agents diplomatiques ou consulaires français peuvent procéder à de tels mariages. Dans toute autre hypothèse, par exemple mariage d'une Française ou d'un étranger de cette nationalité (2), ou d'un Français et d'une étrangère appartenant à une autre nationalité que celle du pays dans lequel l'autorisation a été donnée par décret, alors même que l'on serait dans ce pays (3), l'on appliquera la règle qui était générale avant la loi de 1901 et que nous avons exposée plus haut (4), savoir : tandis que deux Français qui se marient en pays étranger peuvent se marier à leur choix devant les officiers publics étrangers, ou devant les agents diplomatiques et consuls français, un Français et un étranger ne peuvent, au contraire, se marier que devant les officiers publics étrangers. Dans ce cas, ainsi que nous l'avons dit, la règle *locus regit actum* est obligatoire, les agents diplomatiques et consulaires français sont incompétents pour instrumenter sur le territoire étranger à l'égard d'un étranger.

---

1. — Ce texte est ainsi conçu : « *Sauf les exceptions qui pourront être « autorisées par nous dans l'intérêt du service*, les vice-consuls et agents « consulaires ne recevront aucun dépôt et ne feront aucun des actes attri- « bués aux consuls en qualité d'officiers de l'état-civil et de notaires. Ils « pourront toutefois délivrer des certificats de vie, des passeports et des « légalisations ; mais ces actes devront être visés par le consul chef de l'ar- « rondissement, sauf les exceptions qui auront été spécialement autorisées « par le ministre des affaires étrangères. »
2. — On peut supposer dans cet exemple un Français et une Turque.
3. — Un Français veut épouser une Espagnole au Siam.
4. — Voir *suprà* n° 3.

CHAPITRE III

Conclusion.

23. — La loi du 29 novembre 1901 réalise un progrès évident. Ses avantages indéniables nous avaient été signalés par les législations étrangères (1).

La réforme est tout d'abord soucieuse de la liberté de conscience et elle permet d'éviter de blesser chez des Français des sentiments personnels. D'un autre côté elle est le complément nécessaire de cette idée, issue de la Révolution et que les peuples civilisés tendent de plus en plus à admettre dans leurs lois et leurs institutions, savoir, que le mariage est un contrat essentiellement civil, idée d'ailleurs qui ne peut blesser personne, puisque toute faculté est laissée aux époux de faire procéder après l'union civile à un mariage religieux quel qu'il soit. En outre, cette législation nouvelle permettra dans les pays dont il a été question des unions, qui n'auraient pu être célébrées par suite d'absence de ministres du culte ou par suite du refus de ceux-ci de célébrer le mariage de personnes divorcées ou appartenant à des confessions différentes (2). Enfin dans certaines contrées, la célébration des mariages est loin d'offrir, pour ce qui concerne la régularité de l'union contractée et l'authenticité de l'acte destiné à le constater, les garanties si précieuses que présente notre loi française (3).

---

1. — Voir *suprà* n° 3.
2. — C'est ainsi qu'un musulman ou une musulmane ne peut épouser une personne d'une autre religion.
3. — En Chine notamment le mariage est accompli, sans acte écrit, sans consécration religieuse, sans nulle intervention soit d'un prêtre, soit d'un fonctionnaire civil. C'est le mariage par consentement mutuel, constaté successivement par les deux familles. Sur le mariage en Chine et son cérémonial on pourra utilement consulter l'ouvrage si curieux et si intéressant de Tcheng-Ki-Tong. *Les Chinois peints par eux-mêmes*, Paris 1886, p. 29 et s.

DEUXIÈME PARTIE

Commentaire de la loi du 21 juin 1903, complétant l'article 55 du Code civil en ce qui concerne les déclarations de naissance faites en pays étranger par les Français devant les agents diplomatiques ou les consuls (1).

CHAPITRE UNIQUE

Travaux préparatoires. — Objet et texte de la loi. Commentaire et examen critique.

24. — L'article 55 du Code civil disposait simplement avant la loi de 1903 que « les déclarations de naissance seraient faites dans les « trois jours de l'accouchement à l'officier de l'état civil du lieu et « que l'enfant lui serait présenté. »

En prescrivant ce délai de trois jours, le législateur n'avait envisagé que l'hypothèse des naissances survenues en France, dans le voisinage presque toujours immédiat d'un officier de l'état civil.

Si dans ce cas le délai imparti était suffisant, il n'en était plus de même dans le cas prévu par l'article 48 du Code civil, des actes de

---

1. — Travaux préparatoires de la loi : Dépôt à la Chambre des députés le 11 novembre 1902 du projet par M. le Garde des Sceaux, Ministre de la Justice. 13 février 1903. Dépôt par M. Pradet-Balade du rapport fait au nom de la Commission de la réforme judiciaire. Chambre des députés, 23 mars 1903. Adoption du projet sans débat après déclaration de l'urgence: Transmission au Sénat. Sénat, 2 avril 1903. Dépôt par M. le Garde des Sceaux,ministre de la Justice, du projet de loi voté par la Chambre. Renvoi aux bureaux. Sénat, 29 mai 1903 : Dépôt par M. Léopold Thézard du rapport sur le projet. Sénat, 11 juin 1903 : Adoption du projet sans débat après déclaration de l'urgence. Promulgation de la loi au *Journal officiel* du 23 juin 1903 (page 3877). Texte de la loi dans *Lois Nouvelles* 1903. 3e partie, p. 211 (n° du 15 juin).

naissance reçus à l'étranger par les agents diplomatiques ou les consuls. Comme on le faisait remarquer dans le projet de loi :

« Les circonscriptions consulaires sont souvent fort étendues, et le « Français qui désire déclarer la naissance de son enfant réside par-« fois à une distance telle de l'ambassade ou du consulat, qu'il lui est « matériellement impossible de s'y présenter dans le délai de l'arti-« cle 55.

« D'autre part, la législation de certains États, — l'Italie, l'Allema-« gne, l'Autriche, l'Angleterre (1), par exemple, — accorde un délai « plus long que la loi française pour les déclarations de naissance. Il « en résulte que le Français établi dans un de ces États, ignorant sur « ce point les prescriptions de sa loi nationale, confiant dans les ren-« seignements qui lui ont été fournis par les étrangers qui l'entourent, « se présente devant l'agent diplomatique ou le consul après que trois « jours se sont écoulés depuis la naissance de son enfant, mais alors que « les délais impartis par la loi du pays ne sont pas encore expirés. « Devant le refus qui lui est opposé de recevoir sa déclaration, il ne « peut que porter celle-ci aux autorités locales. Par suite l'enfant de « ce Français, bien que Français lui-même en vertu de l'article 8 § 1 « du Code civil, n'est point inscrit sur les registres français ; il est « inconnu de nos représentants qui ne peuvent lui rappeler en temps « utile les obligations qui découlent pour lui de sa nationalité » (2).

L'on a en conséquence très légitimement ajouté à l'article 55 Code civil une disposition relative à nos compatriotes résidant à l'étranger, et le délai a été porté de trois à dix jours, par analogie avec le délai prévu par la loi du 17 mai 1900 pour les actes de naissance dressés aux armées.

Ce délai, suffisant d'une façon générale, aurait pu ne pas l'être dans certains cas spéciaux, notamment dans quelques circonscriptions consulaires où les communications sont particulièrement longues et difficiles.

25. — C'est dans cette idée et dans cet esprit qu'a été votée sans débats ni difficulté aucune la loi du 21 juin 1903 dont voici le texte :

---

1. — En Italie, la déclaration doit être faite dans les cinq jours, à l'officier de l'état civil du lieu où l'accouchement s'est produit ; le nouveau-né doit lui être présenté, mais il peut, « dans des circonstances graves, dispenser de « cette présentation, en s'assurant autrement de la vérité de la naissance. » (Art. 371 C. civ.).

En Allemagne la naissance doit être déclarée dans les huit jours, au bureau de l'état civil dans la circonscription duquel elle a eu lieu.

En Angleterre tout enfant né viable doit être déclaré au *registrar* dans les quarante-deux jours depuis sa naissance.

2. — Nous verrons plus loin que même avec la loi nouvelle, cet inconvénient peut se présenter.

Article unique. — L'article 55 du Code civil est complété de la façon suivante :

Art. 55. — Les déclarations de naissance seront faites, dans les trois jours de l'accouchement, à l'officier de l'état civil du lieu ; l'enfant lui sera présenté.

En pays étranger, les déclarations aux agents diplomatiques ou aux consuls seront faites dans les dix jours de l'accouchement. Toutefois, ce délai pourra être prolongé dans certaines circonscriptions consulaires en vertu d'un décret du Président de la République, qui fixera la mesure et les conditions de cette prolongation (1).

26. — La loi nouvelle répond certes à une réelle nécessité ; mais nous croyons qu'elle n'a pas été assez loin.

En effet, avant comme depuis la loi nouvelle, le droit de s'adresser aux agents diplomatiques ou consulaires n'est qu'une simple faculté et non une obligation, et il en résulte qu'un acte de l'état civil peut être rédigé dans les formes locales, alors même qu'il existe dans le pays un consul de la nation de la personne qui a fait dresser l'acte (2).

Et même dans les pays hors chrétienté où les Français sont censés se trouver sur le territoire français, il a été jugé qu'un acte de l'état civil concernant un Français est valablement passé en conformité de la *lex loci* (3).

Et cette théorie n'est nullement contredite par les travaux préparatoires de la loi, puisque nous lisons ce qui suit dans le rapport présenté au Sénat par M. Thézard :

« *... Il y a même intérêt à ce que les Français établis ou momen-* « *tanément résidant en pays étranger s'adressent de préférence* « *aux représentants de la France...* »

Et l'honorable rapporteur se met à énumérer les avantages qui en résultent, tant au point de vue de l'individu qu'à celui de la Société :

«... Les actes ainsi rédigés seront en effet une affirmation de la « nationalité française, ils la garantiront contre des contestations « possibles ; l'observation des formes prescrites par notre législation « en assurera la régularité et l'authenticité absolue ; enfin, l'obligation

---

1. — Au mois de nov.1903, il n'était pas intervenu de décret de cette nature.

2. — Cass. 7 juillet 1835, Papou (S. 35-1-939, D. 35-1-389). Aix, 20 mars 1862, Coccifi (S. 62-2-387, P. 62.1407, D. 63-2-48).

3. — Aix, 20 mars 1862 précité, et 19 déc. 1877, de Vendeuvre (Clunet, 78-273). Trib. Consulaire Constantinople, 1ᵉʳ juin 1877, même partie (*ibid*). V. aussi Cass. 18 avril 1865, Sticpowitch (S. 65-1-317. P. 65-770, D. 65-1-342). Cependant cette application de la règle *locus regit actum* est contestée par la doctrine : Féraud Giraud. *De la juridiction française dans les Echelles du Levant et de Barbarie*, t. 2, p. 102 et 103. Gatteschi. *Du droit international public et privé en Egypte*, p. 21 et s. Weiss, *Traité de Droit international privé*, pp. 568 et 661, note 2. Despagnet, *Précis de droit international privé*, nº 287.

« d'en adresser chaque année un double au Ministère des affaires
« étrangères qui en assure la garde et peut en délivrer des extraits
« (art. 48 C. Civ.) mettra la preuve à la portée des intéressés après
« leur arrivée ou leur retour en France, ainsi qu'à la disposition des
« pouvoirs publics... »

Il aurait donc fallu décider, soit que l'acte de naissance devrait toujours être dressé par les agents diplomatiques ou consulaires, soit que passé d'après les règles locales il serait transcrit soit en France, soit à l'étranger, dans ce dernier cas sur les registres de l'ambassade ou du consulat.

L'on serait arrivé ainsi à la constitution du casier civil qui est appelé à rendre tant de services et sur lequel nous étant expliqué au n° 23, nous ne reviendrons pas.

TABLE DES MATIÈRES

CHAPITRE III. — *Conclusion.*

EN VENTE

AUX BUREAUX DES *LOIS NOUVELLES*

Frais (recouvrement des). — Dus aux notaires, avoués et huissiers. Commentaire de la loi du 24 décembre 1897, par L. Legrand, avoué honoraire, président de la conférence des avoués de 1ʳᵉ instance des départements. — 1 vol. br. prix. 1 fr.50

Contributions indirectes. — Traité de jurisprudence générale en matière de contributions indirectes, par A. Bertrand, directeur des contributions indirectes et P. Deschamps commis principal à la direction générale des contributions indirectes. — 2 forts vol. br. prix. ˙. . . . . 12 fr.

Code Rural. — Commentaires de la loi du 8 avril 1898 sur le **régime des eaux** et de la loi du 21 juin 1898 sur la police administrative, par Georges Graux, avocat, député du Pas-de-Calais et C. Renard, docteur en droit. — 1 vol. br. prix . . . . . 5 fr.

Instruction criminelle. — La réforme de l'instruction préalable. Commentaire de la loi du 8 décembre 1897, par Julien Brégeault, substitut du procureur général à la cour de Paris, et Albanel, juge d'instruction au tribunal de la Seine. — 1 vol. br. prix. . . . . 3 fr. 50

Douanes. — Le nouveau tarif des douanes. — Commentaire de la loi du 11 janvier 1892, par L. Dejamme, auditeur du conseil d'Etat. — 1 vol. br., prix. . . . . 3 fr. 50

Saisie-arrêt. — La saisie-arrêt des gages, salaires et petits traitements. — Commentaire nouveau de la loi du 12 janvier 1895, au courant de la jurisprudence et de la doctrine les plus récentes. par E. Schaffhauser et H. Chevresson. — 1 vol. br. prix 4 fr. 50

Droit commercial. — Manuel de droit commercial, contenant l'exposé des règles générales et la solution des questions pratiques en matière commerciale par Emile Schaffhauser, docteur en droit, directeur des *Lois Nouvelles.* — 1 vol. in-18, br. prix 3 fr. 50

Enfants naturels. — Droits successoraux des enfants naturels. — Commentaire de la loi du 25 mars 1896 par E. Mesnard, conseiller à la cour d'Amiens. — 1 vol. br. prix. . . . 3 fr. 50

Le Commentaire des tarifs en matière civile, concernant les avoués, greffiers, huissiers, notaires, commissaires-priseurs, etc., par O. Raviart, avoué honoraire, vice-président de la Conférence des avoués de 1ʳᵉ instance des départements. — 1 vol. in-8, broché, prix . . . . 8 fr.

Le Tarif des actes d'huissiers, par O. Raviart, 1 vol. in-8, broché, prix . . . . 6 fr.

Mayenne, Imprimerie Ch. COLIN.

www.ingramcontent.com/pod-product-compliance
Ingram Content Group UK Ltd.
Pitfield, Milton Keynes, MK11 3LW, UK
UKHW020100100726
13658UKWH00004B/1877